INVESTIR AVEC DES ETF

Carnet d'analyse et de suivi de mon portefeuille

CE CARNET APPARTI

....

Points d'attention lors de la sélection des fonds

Les frais (acceptables):
Pour un ETF "classique" (très connu sur le marché) : 0.6%/an
Pour un ETF "niché" (pays ou secteur particulier) : 0.8%/an peut être acceptable si on croît en sa performance

Liquidité :
L'objectif est d'avoir peu de variation lors de vos ordres d'achat ou de vente.
La liquidité peut être mesurer via l'encours de l'ETF :
  ETF classique > 100M d'euros
  ETF niché > 40M d'euros

Transparence :
L'objectif est de connaître le contenu de l'ETF (secteur, nombre d'entreprise et concentration).
N'investir que si vous comprenez son fonctionnement.
ETF synthétique ou physique.

Diversification :
Eviter les ETF trop concentré sur quelques entreprises ou n'y mettre qu'une faible part de son allocation.

Dividende :
Capitalisation : pour les investissements à long terme.
Distribution : pour les revenus passifs

Exemple : XXXX S&P500

code d'identification: FR0011XXXXXXX

✓ *Frais courant annuel :* 0,15%

✓ *Dividende :* capitalisant
OK investissement long terme

✗ *Liquidité :* 37.3M€
mauvaise liquidité pour ce type d'ETF très classique

✓ *Transparence :*
ETF physique, réplique parfaitement l'indice de référence

contient les 500 plus grosses entreprises US

✓ *Diversification :*
bonne répartition entre les entreprises
ETF concentré sur le marché US => à diversifier avec autres ETF

Disponible sur quels supports ?

PEA

AV xxxxxx, frais de gestion UC : 0.6%

Exemple :

Montant	Support d'investissement	Commentaire
352€	PEA	Date : cet ETF représente x% de mon allocation => à renforcer Privilégier l'assurance Vue "X" car moins de frais
1237€	Assurance vie X	
727€	Assurance vie Y	
422€	PER	

Index

Code	Nom de l'ETF	#
		1
		2
		3
		4
		5
		6
		7
		8
		9
		10
		11
		12
		13
		14
		15
		16
		17
		18
		19
		20
		21
		22
		23
		24
		25

#1   Nom : _____

code d'identification: _____

- [ ] Frais courant annuel : _____
- [ ] Dividende : _____
- [ ] Liquidité : _____
- [ ] Transparence :

_____
_____
_____

- [ ] Diversification :

_____
_____
_____

- [ ] Performance :

   À 1 an : _____   À 3 ans : _____

   À 5 ans : _____   À 10 ans : _____

Disponible sur quels supports?

_____ _____

_____ _____

% cible de cet ETF dans mon allocation : _____
Horizon d'investissement (année) : _____

Montant	Support d'investissement	Commentaire

#2   Nom : _____

code d'identification: _____

☐ *Frais courant annuel :* _____

☐ *Dividende :* _____

☐ *Liquidité :* _____

☐ *Transparence :*

_____

_____

_____

☐ *Diversification :*

_____

_____

_____

☐ *Performance :*

A 1 an : _____   *A 3 ans :* _____

A 5 ans : _____   *A 10 ans :* _____

Disponible sur quels supports ?

_____   _____

_____   _____

% cible de cet ETF dans mon allocation : _____

Horizon d'investissement (année) : _____

Montant	Support d'investissement	Commentaire

#3   Nom : _____

code d'identification: _____

- ☐ *Frais courant annuel :* _____
- ☐ *Dividende :* _____
- ☐ *Liquidité :* _____
- ☐ *Transparence :*

_____
_____
_____

- ☐ *Diversification :*

_____
_____
_____

- ☐ *Performance :*

  A 1 an : _____   *A 3 ans :* _____

  A 5 ans : _____   *A 10 ans :* _____

Disponible sur quels supports ?

_____   _____

_____   _____

% cible de cet ETF dans mon allocation : _____

Horizon d'investissement (année) : _____

Montant	Support d'investissement	Commentaire

#4   Nom :

code d'identification :

- ☐ *Frais courant annuel :*
- ☐ *Dividende :*
- ☐ *Liquidité :*
- ☐ *Transparence :*

- ☐ *Diversification :*

- ☐ *Performance :*
  - *A 1 an :*
  - *A 5 ans :*
  - *A 3 ans :*
  - *A 10 ans :*

Disponible sur quels supports ?

% cible de cet ETF dans mon allocation : _____
Horizon d'investissement (année) : _____

Montant	Support d'investissement	Commentaire

#5   Nom : _____

code d'identification: _____

- ☐ *Frais courant annuel :* _____
- ☐ *Dividende :* _____
- ☐ *Liquidité :* _____
- ☐ *Transparence :*

_____
_____
_____

- ☐ *Diversification :*

_____
_____

- ☐ *Performance :*

  A 1 an : _____   A 3 ans : _____

  A 5 ans : _____   A 10 ans : _____

Disponible sur quels supports ?

_____   _____

_____   _____

% cible de cet ETF dans mon allocation : _____
Horizon d'investissement (année) : _____

Montant	Support d'investissement	Commentaire

#6 Nom : _____

code d'identification: _____

☐ *Frais courant annuel :* _____
☐ *Dividende :* _____
☐ *Liquidité :* _____
☐ *Transparence :*

_____
_____
_____

☐ *Diversification :*

_____
_____

☐ *Performance :*

A 1 an : _____   *A 3 ans :* _____

A 5 ans : _____   *A 10 ans :* _____

Disponible sur quels supports ?

_____   _____

_____   _____

% cible de cet ETF dans mon allocation : _____

Horizon d'investissement (année) : _____

Montant	Support d'investissement	Commentaire

#7 Nom : _____

code d'identification: _____

- [ ] *Frais courant annuel :* _____
- [ ] *Dividende :* _____
- [ ] *Liquidité :* _____
- [ ] *Transparence :*

_____
_____
_____

- [ ] *Diversification :*

_____
_____

- [ ] *Performance :*

A 1 an : _____   *A 3 ans :* _____

A 5 ans : _____   *A 10 ans :* _____

Disponible sur quels supports ?

_____   _____

_____   _____

% cible de cet ETF dans mon allocation :
Horizon d'investissement (année) :

Montant	Support d'investissement	Commentaire

#8   Nom : _____

code d'identification: _____

☐ *Frais courant annuel :* _____
☐ *Dividende :* _____
☐ *Liquidité :* _____
☐ *Transparence :*

_____
_____
_____

☐ *Diversification :*

_____
_____
_____

☐ *Performance :*

A 1 an : _____   *A 3 ans :* _____
A 5 ans : _____   *A 10 ans :* _____

Disponible sur quels supports?

_____   _____
_____   _____

% cible de cet ETF dans mon allocation : _____

Horizon d'investissement (année) : _____

Montant	Support d'investissement	Commentaire

#9   Nom : _____

code d'identification: _____

- ☐ *Frais courant annuel :* _____
- ☐ *Dividende :* _____
- ☐ *Liquidité :* _____
- ☐ *Transparence :*

_____
_____
_____

- ☐ *Diversification :*

_____
_____
_____

- ☐ *Performance :*

　A 1 an : _____　　　*A 3 ans :* _____

　A 5 ans : _____　　*A 10 ans :* _____

Disponible sur quels supports ?

_____　　_____

_____　　_____

% cible de cet ETF dans mon allocation : _____

Horizon d'investissement (année) : _____

Montant	Support d'investissement	Commentaire

#10   Nom :

code d'identification :

- [ ] *Frais courant annuel :*
- [ ] *Dividende :*
- [ ] *Liquidité :*
- [ ] *Transparence :*

___

- [ ] *Diversification :*

___

- [ ] *Performance :*

  A 1 an :   *A 3 ans :*

  A 5 ans :   *A 10 ans :*

Disponible sur quels supports ?

% cible de cet ETF dans mon allocation : _____
Horizon d'investissement (année) : _____

Montant	Support d'investissement	Commentaire

#11   Nom : _____

code d'identification: _____

- ☐ *Frais courant annuel :* _____
- ☐ *Dividende :* _____
- ☐ *Liquidité :* _____
- ☐ *Transparence :*

_____
_____
_____

- ☐ *Diversification :*

_____
_____

- ☐ *Performance :*

  A 1 an : _____   *A 3 ans :* _____

  A 5 ans : _____   *A 10 ans :* _____

Disponible sur quels supports?

_____   _____

_____   _____

% cible de cet ETF dans mon allocation : _____

Horizon d'investissement (année) : _____

Montant	Support d'investissement	Commentaire

#12 Nom :

code d'identification:

- ☐ Frais courant annuel :
- ☐ Dividende :
- ☐ Liquidité :
- ☐ Transparence :

- ☐ Diversification :

- ☐ Performance :

  À 1 an :   À 3 ans :

  À 5 ans :   À 10 ans :

Disponible sur quels supports ?

% cible de cet ETF dans mon allocation : _____

Horizon d'investissement (année) : _____

Montant	Support d'investissement	Commentaire

#13   Nom :

code d'identification:

- [ ] Frais courant annuel :
- [ ] Dividende :
- [ ] Liquidité :
- [ ] Transparence :

- [ ] Diversification :

- [ ] Performance :

A 1 an :   A 3 ans :

A 5 ans :   A 10 ans :

Disponible sur quels supports?

% cible de cet ETF dans mon allocation : _____

Horizon d'investissement (année) : _____

Montant	Support d'investissement	Commentaire

#14   Nom :

code d'identification:

- ☐ *Frais courant annuel :*
- ☐ *Dividende :*
- ☐ *Liquidité :*
- ☐ *Transparence :*

☐ *Diversification :*

☐ *Performance :*

A 1 an :   *A 3 ans :*

A 5 ans :   *A 10 ans :*

Disponible sur quels supports?

% cible de cet ETF dans mon allocation :
Horizon d'investissement (année) :

Montant	Support d'investissement	Commentaire

#15 Nom : _____

code d'identification: _____

☐ *Frais courant annuel* : _____
☐ *Dividende* : _____
☐ *Liquidité* : _____
☐ *Transparence* :
_____
_____
_____

☐ *Diversification* :
_____
_____
_____

☐ *Performance* :

A 1 an : _____   *A 3 ans* : _____
A 5 ans : _____   *A 10 ans* : _____

Disponible sur quels supports ?

_____   _____

_____   _____

% cible de cet ETF dans mon allocation : _____
Horizon d'investissement (année) : _____

Montant	Support d'investissement	Commentaire

#16 Nom : _____

code d'identification: _____

- ☐ *Frais courant annuel :* _____
- ☐ *Dividende :* _____
- ☐ *Liquidité :* _____
- ☐ *Transparence :*

_____
_____
_____

- ☐ *Diversification :*

_____
_____
_____

- ☐ *Performance :*

À 1 an : _____ *À 3 ans :* _____

À 5 ans : _____ *À 10 ans :* _____

Disponible sur quels supports ?

_____ _____

_____ _____

% cible de cet ETF dans mon allocation :
Horizon d'investissement (année) :

Montant	Support d'investissement	Commentaire

#17 Nom : _____

code d'identification: _____

- ☐ *Frais courant annuel* : _____
- ☐ *Dividende* : _____
- ☐ *Liquidité* : _____
- ☐ *Transparence* :

_____
_____
_____

- ☐ *Diversification* :

_____
_____
_____

- ☐ *Performance* :

  À 1 an : _____   À 3 ans : _____
  À 5 ans : _____   À 10 ans : _____

Disponible sur quels supports ?

_____   _____
_____   _____

% cible de cet ETF dans mon allocation : _____

Horizon d'investissement (année) : _____

Montant	Support d'investissement	Commentaire

#18   Nom : _____

code d'identification: _____

- ☐ *Frais courant annuel :* _____
- ☐ *Dividende :* _____
- ☐ *Liquidité :* _____
- ☐ *Transparence :*

_____
_____
_____

- ☐ *Diversification :*

_____
_____
_____

- ☐ *Performance :*

  A 1 an : _____   A 3 ans : _____

  A 5 ans : _____   A 10 ans : _____

Disponible sur quels supports ?

_____   _____

_____   _____

% cible de cet ETF dans mon allocation : _____
Horizon d'investissement (année) : _____

Montant	Support d'investissement	Commentaire

#19   Nom : _____

code d'identification: _____

- ☐ *Frais courant annuel :* _____
- ☐ *Dividende :* _____
- ☐ *Liquidité :* _____
- ☐ *Transparence :* _____

_____
_____
_____

- ☐ *Diversification :* _____

_____
_____
_____

- ☐ *Performance :*

    A 1 an : _____   A 3 ans : _____
    A 5 ans : _____   A 10 ans : _____

Disponible sur quels supports ?

_____   _____
_____   _____

% cible de cet ETF dans mon allocation : _____

Horizon d'investissement (année) : _____

Montant	Support d'investissement	Commentaire

#20 Nom : _____

code d'identification: _____

- ☐ *Frais courant annuel* : _____
- ☐ *Dividende* : _____
- ☐ *Liquidité* : _____
- ☐ *Transparence* :

_____
_____
_____

- ☐ *Diversification* :

_____
_____
_____

- ☐ *Performance* :

  A 1 an : _____   A 3 ans : _____

  A 5 ans : _____   A 10 ans : _____

Disponible sur quels supports ?

_____   _____

_____   _____

% cible de cet ETF dans mon allocation : _____

Horizon d'investissement (année) : _____

Montant	Support d'investissement	Commentaire

#21   Nom :

code d'identification:

- ☐ Frais courant annuel :
- ☐ Dividende :
- ☐ Liquidité :
- ☐ Transparence :

- ☐ Diversification :

- ☐ Performance :

  А 1 an :   А 3 ans :

  А 5 ans :   А 10 ans :

Disponible sur quels supports ?

% cible de cet ETF dans mon allocation : _____
Horizon d'investissement (année) : _____

Montant	Support d'investissement	Commentaire

#22 Nom : _____

code d'identification: _____

- ☐ *Frais courant annuel :* _____
- ☐ *Dividende :* _____
- ☐ *Liquidité :* _____
- ☐ *Transparence :*

_____
_____
_____

- ☐ *Diversification :*

_____
_____
_____

- ☐ *Performance :*

  A 1 an : _____   *A 3 ans :* _____

  A 5 ans : _____   *A 10 ans :* _____

Disponible sur quels supports ?

_____   _____

_____   _____

% cible de cet ETF dans mon allocation : _____
Horizon d'investissement (année) : _____

Montant	Support d'investissement	Commentaire

#23 Nom :

code d'identification:

- ☐ *Frais courant annuel :*
- ☐ *Dividende :*
- ☐ *Liquidité :*
- ☐ *Transparence :*

☐ *Diversification :*

☐ *Performance :*

A 1 an :   *A 3 ans :*

A 5 ans :   *A 10 ans :*

Disponible sur quels supports ?

% cible de cet ETF dans mon allocation :
Horizon d'investissement (année) :

Montant	Support d'investissement	Commentaire

#24   Nom : _____

code d'identification: _____

- ☐ *Frais courant annuel :* _____
- ☐ *Dividende :* _____
- ☐ *Liquidité :* _____
- ☐ *Transparence :*

_____
_____
_____

- ☐ *Diversification :*

_____
_____
_____

- ☐ *Performance :*

  A 1 an : _____   *A 3 ans :* _____
  A 5 ans : _____   *A 10 ans :* _____

Disponible sur quels supports ?

_____   _____
_____   _____

% cible de cet ETF dans mon allocation : _____
Horizon d'investissement (année) : _____

Montant	Support d'investissement	Commentaire

#25   Nom : _____

code d'identification: _____

- ☐ *Frais courant annuel :* _____
- ☐ *Dividende :* _____
- ☐ *Liquidité :* _____
- ☐ *Transparence :*

_____
_____
_____

- ☐ *Diversification :*

_____
_____
_____

- ☐ *Performance :*

  A 1 an : _____   *A 3 ans :* _____
  A 5 ans : _____   *A 10 ans :* _____

Disponible sur quels supports ?

_____   _____

_____   _____

% cible de cet ETF dans mon allocation : _____
Horizon d'investissement (année) : _____

Montant	Support d'investissement	Commentaire

Ma stratégie

Ma stratégie

Ma stratégie

Ma stratégie

Printed in France by Amazon
Brétigny-sur-Orge, FR